Lb 40/1358

PROCÈS-VERBAL

DE L'ASSEMBLÉE DU DISTRICT

DES CAPUCINS DE S^T. LOUIS,

CHAUSSÉE D'ANTIN.

Du 4 Août 1789.

L'AN mil sept cent quatre-vingt-neuf, le Mardi 4 Août, neuf heures du matin, les Habitans & Citoyens de la Commune du District des Capucins de la Chaussée d'Antin, préalablement inscrits à l'entrée de l'Eglise du Couvent de ces Révérends Pères, par noms, qualités, professions & demeures, étant assemblés dans ladite Eglise, conformément à la convocation faite par le

A

Comité de la Commune dudit District le jour d'hier, par publication à son de tambour & par affiches, à l'effet de délibérer sur le Réglement imprimé pour la formation, organisation, solde, police & administration de l'Infanterie Nationale Parisienne, arrêté le 31 Juillet dernier; M. Moreau, Président du Comité de la Commune, a prononcé un Discours succinct sur l'importance de l'objet, & il a été fait ensuite à haute voix, & mot à mot, lecture dudit Réglement.

L'Assemblée rendant hommage à un travail fait pour consolider dès-à-présent & pour assurer à jamais la liberté & la sûreté des Citoyens de la Commune de la Ville de Paris, travail auquel l'Assemblée s'honore elle-même d'avoir contribué par le concours d'un de ses Députés; & considérant d'ailleurs que la chose publique réclame impérieusement le prompt établissement d'un ordre certain & uniforme pour la Garde Nationale Parisienne, elle a unanimement déclaré qu'elle admettoit ledit Réglement, pour avoir son exécution le plutôt possible, sauf les changemens & modifications dont il sera jugé susceptible par les Districts de toute la Commune de la Ville de Paris.

Et afin de constater quel est en particulier son vœu sur les changemens & les modifications dudit Réglement; après une seconde lecture d'icelui, & le rapport des réflexions du Comité, l'Assemblée a arrêté que ce vœu seroit exprimé, article par article, dans la forme suivante.

TITRE PREMIER.

De la formation & organisation.

ARTICLE PREMIER.

RÉGLEMENT.

TOUTES Troupes ci-devant employées à la Garde & Police ou autre Service dans la Ville de Paris, sont & demeureront supprimées.

VŒU DU DISTRICT.

La Commune du District des Capucins de la Chaussée d'Antin desire que toutes les troupes supprimées soient nommément désignées.

II.

Il sera formé un Corps de Troupes d'Infanterie, dont la force effective, compris les Officiers, sera de 31,065 hommes sous la dénomination de *Gardes Nationales Parisiennes*.

III.

Tout Citoyen domicilié, marié ou non marié, depuis l'âge de vingt ans révolus, jusqu'à l'âge de cinquante, sera porté sur la Liste générale des Soldats Citoyens, & tenu de marcher, quand il en sera requis.

Pour prévenir toute difficulté, toute diversité dans la formation de la liste générale des Soldats Citoyens, la Commune du District estime qu'il est essentiel que le réglement désigne les caractères qui constituent essentiellement le Citoyen.

En attendant, elle pense qu'un homme marié, demeurant dans la ville, ayant un état libre & l'exerçant par lui-même, participant aux charges & payant capitation, est Citoyen.

Et qu'un garçon, qui, à l'exception du mariage, réunit les conditions ci-dessus, est également Citoyen.

Mais qu'on ne peut regarder comme Citoyen un fils qui vit sous l'autorité de père & de mère, qui n'exerce point d'état ou de profession pour son compte & qui ne participe point aux charges communes & ne paye point capitation.

IV.

Tous Ouvriers, Artisans non domiciliés, devant être conservés pour leurs travaux, seront, en conséquence, exempts de ce Service. Seront exclus tous gens en état de domesticité.

V.

RÉGLEMENT.	VŒU DU DISTRICT.
Il sera pris dans la classe des Citoyens désignés par l'Article III ci-dessus, & suivant la forme qui sera indiquée, le nombre d'hommes nécessaires pour former un Bataillon de cinq Compagnies de cent hommes chacune, par chacun des soixante Districts; une de ces Compagnies sera soldée & toujours en activité, & les quatre autres seront composées, ainsi qu'il est porté dans l'Article III.	La Commune du District desire que la forme qui, suivant cet article, doit être indiquée sur le nombre nécessaire à prendre dans la classe des Citoyens désignés par l'article III, soit promptement déterminée; la Commune la regardant comme indispensable pour former le rôle des Compagnies non soldées, & pour faire connoître aux Citoyens qui doivent les composer, les peines qu'ils encourroient en s'y refusant.

VI.

La Liste des Citoyens, faite par les Districts, sera toujours tenue au complet, par de nouveaux appels, à mesure des | Pour rendre l'exécution de cet article plus certaine, la Commune pense qu'il convient d'ordonner, 1°. à tout Propriétaire ou principal Locataire de maison, de donner avis au

RÈGLEMENT.	VŒU DU DISTRICT.
vacances par mort, absence ou progrès de l'âge.	Bureau du district dans les vingt-quatre heures, à peine de des morts survenues dans sa maison, parmi

les Citoyens enregistrés ; 2°. d'enjoindre, à peine de à tout Citoyen enregistré qui voudra quitter le District pour passer dans un autre ou s'absenter, d'en donner avis au Bureau de son District;

VII.

Il sera formé une division de dix en dix bataillons ; de manière que les soixante Districts forment six divisions lesquelles porteront les noms de *première, deuxième, troisième, quatrième, cinquième & sixième*,	Pour éviter tout motif de jalousie & de dissention entre des Citoyens qu'il est essentiel de tenir étroitement unis, la Commune estime qu'il convient de tirer au sort l'ordre des divisions.

conformément au Tableau annexé au présent Réglement.

VIII.

Il sera formé un Parc d'Artillerie, auquel on attachera les Officiers, Bas-Officiers, Canoniers & Ouvriers nécessaires pour le diriger & le servir.

IX.

Les Bataillons seront désignés par les N°° 1, 2, 3, 4, 5, 6, 7, 8, 9 & 10, & par celui de la Division de laquelle ils feront partie.	Par les mêmes raisons, elle demande que le sort décide de l'ordre des bataillons.

X.

Chaque Bataillon sera com-	Toujours animée du même esprit.

A iij

RÈGLEMENT.	VŒU DU DISTRICT.
posé de cinq Compagnies, dont une soldée, & quatre non soldées. La Compagnie soldée occupera le centre du Bataillon, de manière que les première & deuxième Compagnie seront à la droite de la Compagnie soldée, & les quatrième & cinquième seront à sa gauche.	elle propose de tirer aussi au sort pour la première fois, l'ordre des compagnies ; mais leur rang une fois déterminé, elle croit qu'il est inutile de le tirer encore au sort tous les ans ; l'usage observé dans le militaire pour le mouvement des Officiers paroît devoir y suppléer.

XI.

La répartition des Districts ne pouvant être, quant à présent, tellement égale, ni par leur étendue, ni par leur population respective, qu'ils complettent chacun leur Bataillon; la cotte-part de chacun sera réglée par la Municipalité, d'après le dénombrement général; les Districts les plus proches de celui qui ne pourroit fournir la totalité de son Bataillon, le completteront en raison de leur surabondance respective.	La Commune sent la nécessité de suivre provisoirement la disposition relative aux emprunts de District à autre; elle pense seulement qu'il convient de ne pas emprunter moins d'une compagnie de cent hommes avec les Officiers. Pour l'avenir elle estime que ces emprunts pourroient donner lieu à des lenteurs, à des difficultés, à des inconvéniens, & que pour y obvier il seroit mieux de diviser en soixante parties, aussi égales qu'il est possible, les Citoyens de la Commune de Paris.

XII.

Tout Individu employé dans le Corps de la Garde-Nationale-Parisienne, soit soldé, soit non-soldé, prêtera serment entre les mains de la Municipalité.

XIII.

RÉGLEMENT.	VŒU DU DISTRICT.
L'Etat-Major général des Gardes-Nationales-Parisiennes, sera composé de la manière suivante; les Sujets qui y seront nommés recevront le traitement qui est fixé au titre II. du présent Réglement.	Cet article annonce comme fixé au titre 2, un traitement qui ne s'y trouve point réglé. On y annonce seulement un état général qui présentera cette fixation. L'énonciation de l'article XIII n'est donc point exacte, & la Commune pense qu'il convient de la rectifier.

Etat-Major Général.

Un Commandant général.
Un Major général.
Un Premier Aide-Major général.
Deux Aides Majors généraux.
Six Aides-de-Camp.
Un Commissaire général, chargé des Revues.
Un Quartier-Maître-Trésorier général.
Un Secrétaire général.

Les fonctions des différens emplois ci-dessus seront expliquées dans le présent Réglement.

XIV.

Chaque Division d'infanterie aura aussi un Etat-Major formé ainsi qu'il suit, & dont les Sujets qui le composent, excepté le Chef de Division & le Commandant de Bataillon, recevront le traitement fixé au titre II. du présent Réglement.	L'article XIV présente matière à la même remarque, par rapport au traitement. A l'égard de la composition de l'État-Major, la Commune pense qu'il seroit bien d'y ajouter un Aumônier *ad honores.*

(8)

État-Major de chaque Division d'Infanterie.

Un Chef de Division.
Dix Commandants de Bataillon.
Un Major.
Dix Aides-Majors.
Un Chirurgien-Major.
Un Tambour-Major.

X V.

Il sera formé une Compagnie de Grenadiers par Division d'Infanterie, laquelle sera attachée au premier Bataillon de la division.

X V I.

Chaque Compagnie de Fusiliers soldée sera composée de

3. { 1. Capitaine.
     1. Lieutenant.
     1. Sous-Lieutenant.

(*) 100. { 1. Sergent-Major.
           4. Sergens.
           8. Caporaux.
           8. Appointés.
          77. Fusiliers.
           2. Tambours.

(*) Il est impossible de se former une idée bien exacte du nombre d'hommes nécessaires à la garde de la Ville, dans le moment où elle se voit délivrée d'une administration de Police fondée sur l'espionage. Le nombre proposé a été réglé de concert avec M. le Commandant de la Garde de Paris. Dans le cas où l'expérience permettroit de diminuer la Garde soldée, on pourroit laisser tomber les Compagnies à 80 hommes, ou moins, pour que la dépense soit exactement proportionnée au besoin.

XVII.

Chaque Compagnie d'Infanterie non foldée fera compofée ainfi qu'il fuit :

3. { 1. Capitaine.
1. Lieutenant.
1. Sous-Lieutenant.

100. { 1. Sergent-Major.
4. Sergens.
8. Caporaux.
86. Fufiliers.
1. Tambour, qui aura la folde.

XVIII.

Le Corps d'Infanterie, ainfi formé & organifé, préfentera le tableau fuivant :

Etat Major général.
Etat Major des divifions.
Les fix divifions d'Infanterie.

Dont	Officiers.	1,059
	Hommes.	30,006
TOTAL GÉNÉRAL.		31,065

TITRE II.

Des nominations aux emplois, des Appointemens, Solde & Masse.

ARTICLE PREMIER.

Le Commandant-Général sera élu dans les mêmes formes que le Maire de la Ville.

II.

RÉGLEMENT.	VŒU DU DISTRICT.
La nomination des Officiers de l'Etat-Major général sera faite par la Municipalité, sur la présentation du Général.	La Commune du District regarde comme chose très-importante de réserver exclusivement à la municipalité le choix & la nomination du Commissaire-Général chargé des Revues.

Il lui paroît aussi très-essentiel que l'État-Major soit composé de manière à inspirer dans tous les tems à la multitude une confiance pleine & entière, en conséquence elle estime :

1°. Que les Officiers de l'État-Major-Général ne doivent être pris que parmi les Citoyens établis au moins depuis quatre ans dans la ville de Paris.

2°. Que le Commandant-Général doit présenter à la Municipalité, trois personnes pour chaque grade.

3°. Que dans ces personnes réunies, la moitié au moins soit composée de Bourgeois qui, par l'ancienneté de leur famille, leur fortune, leur éducation & leur réputation, soient censés pouvoir remplir dignement le poste auquel ils seront destinés.

4°. Que d'après cette disposition il soit statué que pour les postes doubles, tels que ceux d'Aides-Major, il y ait toujours un de ces postes rempli par un Bourgeois, s'il ne le sont tous deux, & que des six Aides-de-Camp, il y en ait aussi au moins trois choisis parmi les Bourgeois.

III.

REGLEMENT

Les six Chefs des Divisions d'Infanterie, seront librement élus par les dix Districts réunis, formant chaque Division; chaque District ayant trois Représentans.

VŒU DU DISTRICT.

La Commune du District pense que les Commandans de bataillon, au lieu d'être nommés comme les Chefs de division, par les dix Districts réunis, doivent être élus par chaque District.

IV.

Les places d'Officiers dans les Compagnies soldées, seront données, à l'époque de la formation actuelle, sçavoir celles de Capitaine, au Sujet qui réunira le plus de voix dans le District du Bataillon dont elle fera partie; celles des Lieutenans, Sous-Lieutenans & Aides Majors seront données aux plus anciens Bas-Officiers qui ont servi la Cause publique.

Il lui paroît convenable d'assimiler les Aides-Major aux Capitaines, & de statuer qu'ils seront nommés comme eux par chaque District à la pluralité des voix.

V.

A l'avenir les Officiers des compagnies soldées rouleront ensemble pour leur avancement, par Division; les Sergens & les Caporaux, par Compagnie.

V I.

Les remplacemens seront faits alternativement; 1°. par droit d'ancienneté du grade inférieur au grade supérieur.

2°. Par Nomination.

Cette Nomination sera faite par tous les Officiers de la Division réunis avec un nombre égal de Membres du District de la compagnie où le remplacement devra se faire: les Membres qui devront voter pour cette Nomination seront nommés par l'Assemblée générale du District; en sorte que les emplois de chaque Grade seront remplis alternativement par un Officier montant de droit, & par un Officier nommé.

VII.

Les places de Sergent-Major, Sergens & Caporaux, vacantes par cette première Promotion, seront données à l'ancienneté, parmi ceux qui ont servi la cause publique. (On admettra de préférence ceux qui sauront lire & écrire.)

Les places d'Apointés seront données aux plus anciens Soldats de la Compagnie.

VIII.

Tous les Officiers des Compagnies non-soldées seront à la nomination du District de chaque Bataillon.

Les remplacemens des Officiers morts ou retirés se feront comme pour les Compagnies soldées, entre les Officiers des quatre Compagnies du même Bataillon, qui rouleront ensemble pour leurs avancemens.

IX.

Tous les Brevets & Lettres des Officiers seront signés par le Maire de la Ville & par le Commandant Général; en conséquence, les Brevets & lettres qui doivent être délivrés aux Officiers pourvus d'emplois, à l'époque de la formation du corps, & à ceux qui feront nommés par la fuite, feront remplis par le Secrétaire-Général, qui fera chargé de les faire figner au Commandant-Général, & de les adreffer enfuite à l'Hôtel de la Municipalité pour être fcellés du cachet aux Armes de la Ville; lorfqu'ils feront revêtus des fignatures & cachet, le Greffier les adreffera audit Sécrétaire-Général, qui les delivrera gratis aux Officiers.

X.

Les apointemens, folde & maffe feront fixés d'après l'état général qui en fera arrêté.

X I.

Les fommes néceffaires pour payer les apointemens, foldes & maffe feront comptés au Quartier Maître-Tréforier-Général du Corps, à raifon d'un douzième par mois, par le Tréforier Général de la Ville, fur l'état de revue du Commiffaire des Guerres figné du Maire & du Commandant-Général.

La Commune du Diftrict eftime qu'il eft important de ftatuer que le Tréforier-Général de la Ville ne pourra délivrer les fonds que fur l'état des revues du Commiffaire-Général, figné du Maire & du Commandant-Général.

TITRE III.

Habillement, Equipement, Armement & Réparations.

ARTICLE PREMIER.

L'habillement de la Troupe d'Infanterie foldée & non foldée, fera comme il fuit :

Un habit de drap bleu de roi, ayant des revers, paremens de drap blanc & colet montant de drap écarlatte, la doublure blanche, avec un passe-poil écarlatte, les boutons & distinctions seront jaunes.

Les boutons seront timbrés aux Armes de la Ville, & porteront, en outre, le N°. de leur bataillon.

Les boutons & distinctions de l'Etat-Major Général seront jaunes, les boutons seront aux Armes de la Ville, sans N°.

Une veste & une culotte de drap blanc.

Un chapeau bordé d'un galon noir, & garni d'une Cocarde de bazin blanc, liserée bleu & rouge avec un bouton uniforme.

Un bonnet de police de drap bleu.

Deux paires de guêtres noires pour le service d'Hiver, & deux paires de toile blanche pour le service d'Eté, avec des petits boutons de cuivre uni.

Les Officiers de l'Etat-Major Général & de division seront en bottes, lorsqu'ils seront sous les armes ou de service.

Les capottes des Sentinelles seront en drap gris de fer.

Un col de bafin blanc.

Les boucles seront de cuivre de forme carrée, les angles extérieurs en seront arrondis.

Les cheveux en queue, ceux des faces seront frisés avec une simple boucle.

Le hausse-col sera doré, ayant une plaque en argent aux Armes de la Ville.

Les épées seront dorées.

Les Officiers porteront les épaulettes & dragonnes de leur grade, de la couleur du bouton.

SCAVOIR;

Le Commandant-Général aura deux épaulettes en or.

Les Chefs des Divisions auront des épaulettes en or.

Les franges seront à nœuds de cordelière & cordes à puits.

Le Major-Général aura deux épaulettes semblables à celles du Commandant-Général, sans étoiles.

Les Aides-Majors Généraux auront les mêmes épaulettes que le Major-Général, lesquelles seront barrées au milieu de leur longueur par un cordonnet rouge de la largeur de deux lignes.

Les Commandans de Bataillons auront la même épaulette que celle du Chef de Division, laquelle sera barrée dans sa longueur par un cordon rouge.

Les Majors de Division auront deux épaulettes avec des franges à graines d'épinard.

Les Aides-Major auront aussi deux épaulettes, mais elles seront barrées dans le milieu, par un cordonnet rouge.

Les Aides-de-Camp auront une épaulette de Major.

Le Quartier-Maître-Général aura le rang d'Aide-Major, & il en portera les distinctions.

Les Capitaines auront une épaulette semblable à celle du Major.

Les Lieutenans & Aides-Majors auront une épaulette de Capitaine, avec une barre de soie rouge dans le milieu ; les Aides-Major la porteront à droite.

Les Sous-Lieutenans auront l'épaulette semblable à celle des Lieutenans, avec deux barres de soie rouge au milieu.

Les dragonnes des gardes ci-dessus, seront suivant les distinctions des épaulettes, excepté que celles des Aides-Majors & Quartier-Maître-Général ne seront point barrées.

Les épaulettes sont doublées avec du drap écarlate, tous les Officiers qui n'auront qu'une épaulette, porteront la contr'épaulette, conforme au corps de l'épaulette.

Les Officiers de l'Etat-Major Général porteront le même uniforme que les gardes & sera seulement distingué des Officiers de la ligne par des écharpes & plumes des couleurs suivantes.

Le Commandant Général portera l'écharpe blanche, rouge & bleue, la plume blanche surmontée des couleurs rouge & bleu.

Le Major-Général, les six Chefs de divisions, & les Aides-Majors Généraux, porteront l'écharpe & la plume blanche.

Les Aides-de-Camp porteront l'écharpe & la plume rouge.

Il sera arrêté des modèles de tous les objets compris dans cet article, sur chacun desquels on apposera le cachet du Corps, & qui seront déposés ensuite dans les magasins.

II.

REGLEMENT.	VŒU DU DISTRICT.
La Troupe non soldée sera dans l'uniforme prescrit ci-dessus, lorsqu'elle sera sous les armes.	La Commune dudit District croit qu'il convient, pour fixer d'une manière stable l'uniforme, & obvier à toute interprétation arbitraire, de statuer que les Soldats & les Officiers des compagnies non-soldées porteront tous un drap de même qualité que celui des Officiers des compagnies soldées.

III.

Il sera donné à chaque Bataillon un Drapeau de couleur & légende au choix du District : ce Drapeau sera placé à la Compagnie du centre, qui sera celle soldée, & gardé par des bas-Officiers des première, deuxiéme, quatriéme & cinquiéme Compagnies non soldées. Lorsque les Troupes ne seront point sous les armes, les Drapeaux des dix Bataillons, formant la division, seront déposés chez le Chef de division.

Chacune des quatre autres Compagnies, aura une Flâme, laquelle sera portée par un Sergent, lorsque la Troupe sera sous les armes, & sera déposée chez le Capitaine de chaque Compagnie.

I V.

Les habits & vestes de la Troupe soldée, seront remplacés tous les deux ans.

Les chapeaux tous les deux ans.

Les culottes seront remplacées tous les ans.

Les deux paires de guêtres seront remplacées tous les deux ans, ou une paire par an.

Le col & la cocarde tous les ans; on en délivrera deux la premiere année.

Les deux paires de souliers & les deux chemises tous les ans.

Les habits & vestes vieux, qui seront remplacés par des neufs, seront retirés & mis en magasin, pour servir à faire les réparations journalières; les autres effets seront abandonnés à la Troupe, & on ne les retirera point en les remplaçant; mais elle sera obligée de les réparer, ou même de les remplacer à ses dépens, s'ils sont usés ou perdus dans l'intervalle d'une livraison à l'autre.

V.

L'équipement sera de bufle blanchi, & composé, pour tous les grades & pour toutes les troupes soldées ou non soldées, d'une giberne avec sa banderolle, d'un ceinturon; le remplacement s'en fera par quinziéme, tous les ans, à la troupe d'Infanterie soldée, & les réparations générales s'en feront annuellement.

V I.

Les Officiers seront armés d'épées. Les Bas-Officiers de fusils d'Officiers, & le reste de la troupe, de fusils, bayonnettes & sabres, le tout conforme aux modèles qui seront arrêtés.

Le remplacement de l'Armement ci-dessus pour les Compagnies soldées, sera fait par le magasin d'Artillerie, quand il sera jugé hors de service, les réparations des Armes se feront journellement, de la manière qui sera indiquée dans le Titre IV.

VII.

Il sera établi des Magasins & des Atteliers de toutes les parties d'Habillement, Equipement & Armement, sous la vigilance des Officiers que le Comité d'Administration aura choisi à cet effet, & sous la surveillance & inspection du Quartier-Maître-Général.

VIII.

Tous les Officiers & Gardes, non-soldés, se fourniront, à leurs frais, des effets mentionnés dans l'article ci-dessus, conformément aux modéles arrêtés; les Bas-Officiers, Caporaux, Fusiliers & Tambours de la Troupe soldée, seront entretenus desdits effets, sur le compte de la masse génétale.

Et ont signé les Membres présens : *de Keralio, Gerdret, de St. Martin le Marquis Delbée, le Comte de Vinezac, Grissedee, d'Acosta, Ferroussat, Guerin-de-Sercilly, Desperrierées, Viot, Masson de Neuville, Gallet-de-Santerre, Parseval de Grand-Maison, Hion,* Secrétaire, *de Mestre-du-Rival, Lebelle, Gondeville, Chevalier Guillotte, Guérin, Cherpitel, de Boispreaux, de Beriytter, Cheron-de-la-Bruyere, Barré-de-Boisméan, Flament, Roualle-Chevalier-de-Boisgelou, Guiard, le Chevalier-de-St. Dray,* Adjoint, *le Marquis de Chabert*, Vice-Président.

Lu à l'Assemblée des Représentans de la Commune par *M. de la Fayette*, & imprimé par ordre de l'Assemblée, ainsi qu'il suit :

Bon à imprimer, ce 31 Juillet 1789.

Signé, *Moreau-de-S.-Méry*, *Delavigne*, Présidents ; *Brousse Desfaucherets*, Secrétaire.

Lecture faite du présent procès-verbal, il a été approuvé par tous les membres, & il a été signé de ceux qui se sont présentés, des membres du Comité présents, de nous Moreau Président, & du sieur Beffara, Secrétaire de l'Assemblée, après qu'il a été arrêté unanimement que le présent Procès-verbal, seroit imprimé & qu'il en seroit envoyé un exemplaire à chacun des autres Districts.

Signé, *Lavabre, Schwartz, Vestier*, **Peintre du Roi**; *Prat, Lescot, Ligué, Torchset, Vernoy de Saint-Georges, Grostteste, Dausse l'aîné, Demazeaux, Cotard, Langlois de Courcelles, Ficher, Taupin, d'Ibarolle, Degault, le Chevalier de la Maque, Loliot, le Pelletier, Bignon, le Chevalier de la Crosse, Saclet, Carette, Noël, Faivre, Bouret, Catalan, Montfermeil, Thuilier, Baleux, Alexandre, Drigny, Louis; Bourdon, G. F. Rolland Pineau, Bouchez du Villiers, Rouen, Girard, Chamberlan, F. Vidron, Lemazurier, Ponchon, Fremiot, Lemonier, de Chanslay, Jourdain, Rumian, Duchemin, d'Ingremont, J. Crouen, Courteix, J. Reneauit, Vitaux, Tholomée, Carlier, Pagnier, Pingot, Pichon, Advyné, Bruzelin, Fromentin, Banchet de la Borde*, **Premier Commis aux Ecritures**, *Vacherot*.

MOREAU, Président.
DEFRESNE, Président-Honoraire.
Le Père Gardien, ET *MELON*, Vice-Présidents.

Commissaires.
{
Thillaye,
Lantouly,
Veron de Serame,
Maréchal,
Bernard,
Le Comte de Chalain,
Delafontaine.
Le Chevalier d'Etcheparre,
Naudet,
Allaire,
Briere,
Tesseraux,
Froment,
Quevron,
Duval,
Dernieu,
Auger,
}

Comte de Monvernot, Trésorier.

Pinon, Capitaine, Commandant.

Guiard, Major.

Cressart, Capitaine, Aide-Major.

Cassine, Sous-Aide-Major.

Leblef, Lieutenant en premier, Dausse le jeune & Février le jeune, Sous-Lieutenans, Larue, Chirurgien-Major, & Beffara Secrétaire.

Pour Copie conforme à l'original.

BEFFARA, Secrétaire.

www.ingramcontent.com/pod-product-compliance
Lightning Source LLC
Chambersburg PA
CBHW060635050426
42451CB00012B/2598